Pas de taches pour une girafe

Données de catalogage avant publication (Canada)

Papineau, Lucie
Pas de taches pour une girafe
Pour enfants de 4 à 8 ans.
ISBN: 2-89512-118-4 (version souple)
ISBN: 2-89512-119-2 (version rigide)
I. Sarrazin, Marisol, 1965- II. Titre.

PS8581.A665P37 1997 jC843'.54 C97-940605-6
PS8581.A665P37 1997
PZ23.P36Pa 1997

Éditrice: Dominique Payette
Direction artistique et graphisme: Diane Primeau

Dépôts légaux: 3e trimestre 1997
Bibliothèque nationale du Québec
Bibliothèque nationale du Canada
Bibliothèque nationale de France

ISBN: 2-89512-118-4 (version souple)
ISBN: 2-89512-119-2 (version rigide)
Imprimé au Canada
10 9 8

Dominique et compagnie
Une division des éditions Héritage inc.
300, rue Arran, Saint-Lambert (Québec) J4R 1K5
Téléphone: (514) 875-0327
Télécopieur: (450) 672-5448
Courriel: info@editionsheritage.com

Nous remercions le Conseil des Arts du Canada de l'aide accordée à notre programme de publication.

Texte de Lucie Papineau
Illustrations de Marisol Sarrazin

Pour mon frère André,
un grand amateur de melons...

Pas de taches pour une girafe

Dominique et compagnie

Gilda, comme toutes les girafes du monde, est couverte
de taches. De la tête aux pieds, en passant par son long cou.
Ça fait déjà beaucoup !

Mais quand le Vent du Nord souffle, pfft ! toutes ses taches s'envolent, comme des centaines de papillons sans queue ni tête.

Voilà pourquoi elle est la seule girafe au monde qui habite dans une caverne.

Heureusement, au pays des girafes, le Vent du Nord est presque toujours au lit. Mais si par malheur il s'éveille... toutes les taches de Gilda se mettent à crier :

– Sauve-qui-peut ! Le Vent du Nord arrive !

Et vite, vite, la petite girafe court vers sa caverne. Jamais le Vent du Nord n'ira la chercher jusque-là...

– Ouf ! soupirent la girafe et ses taches. Nous l'avons échappé belle !

Soulagées, les taches éclatent de rire. Elles rient si fort que Gilda n'entend plus le chant du vent... Pourtant, il souffle et souffle encore.

« Bon, tout va bien, se dit la petite girafe gourmande. En route vers mon champ de melons préférés ! » Et pfft ! le Vent du Nord emporte les taches avec lui...

– NON ! hurle Gilda.

Elle crie si fort que le Vent du Nord, abasourdi, arrête net de souffler. Et poufff ! toutes les taches s'éparpillent un peu partout, de-ci de-là, au pays des girafes, et même au-delà.

Gilda est très fâchée.

– On ne m'aura pas comme ça, dit-elle. Je vais les retrouver. Sinon, je ne toucherai plus jamais à un melon tout rond !

La pauvre Gilda s'enfonce dans la jungle, loin, plus loin encore.
Elle grelotte de solitude. Aucune tache à l'horizon.

Timothée le tigre passait par là. Il sent son cœur fondre, exactement comme un melon glacé au soleil.

– Arrête de grelotter, Gilda. Je vais te prêter ma robe rayée. Tu verras, elle te tiendra au chaud !

La petite girafe, pour quelques secondes, est tout heureuse. Mais un pli soucieux barre soudain son front.

– Voyons, Timothée, tu n'y penses pas... Les rayures, ça grossit horriblement ! Ta robe est beaucoup plus jolie sur toi, crois-moi..

Et la coquette girafe continue son chemin au milieu des lianes.
Sans ses taches, elle grelotte d'ennui.

Lancelot le léopard essuie une larme en la voyant ainsi. Il décide de lui prêter ses taches. Et, pourquoi pas, ses moustaches !

Gilda soupire d'aise, emmitouflée de douceur. Mais plus elle soupire, plus ses nouvelles moustaches se mettent à la picoter, à la chatouiller !

– Atchoum ! Atchoum ! C'était très chou de me prêter tes taches, Lancelot... Mais les moustaches, vraiment, ce n'est pas pour moi. Atchoum !

Et la petite girafe, allergique aux moustaches, continue son chemin au milieu des bambous. Elle grelotte de mélancolie.

Papaye le grand panda l'aperçoit. Il arrête immédiatement de mâcher du bambou. La mélancolie, ça lui coupe l'appétit. Alors, sans dire un mot, il recouvre Gilda de sa tendre fourrure.

Du coup, Gilda n'est plus mélancolique du tout. Elle lisse son nouveau pelage et croque un peu de bambou. Elle exécute même quelques pirouettes.

Elle commence à avoir chaud, si terriblement chaud... qu'elle préfère encore aller toute nue!

Et la petite girafe toute nue continue son chemin jusqu'aux abords du grand lac. Elle grelotte d'abandon.

Sous l'eau, des poissons multicolores lui font signe.

– Viens nager avec nous ! Ne reste pas toute seule...

Gilda plonge dans l'eau du lac et essaie la robe des poissons scintillants. Elle participe à leur grand ballet aquatique.

La tête en haut, la tête en bas, la tête de côté... elle a vite le cœur complètement barbouillé !

Alors, la petite girafe barbouillée retourne dans la savane et poursuit son chemin. Elle grelotte de chagrin.

Zéphir le zèbre jouait justement à Zorro tout près de là. N’écoutant que son courage, il se défait aussitôt de son pelage.

Gilda sourit doucement dans son nouveau pyjama.

– Comme tu es gentil, Zéphir. Tous mes amis sont si gentils... Mais ce sont mes taches que je veux, mes taches à moi ! Elles sont si douces et si drôles...

Et la petite girafe continue son chemin en grelottant, loin, toujours plus loin. Jusqu'au pied d'une étrange colline.

Coloc le caméléon est assis sur une roche et il change de couleur (c'est son métier).

– Tiens, te voilà ! C'est toi que j'attendais, petite girafe.

– Ah non ! Tu ne vas pas me prêter ta robe toi aussi, répond Gilda. Ma tête va se changer en melon si je change et change encore de couleur...

– Tu n'y es pas du tout, ma belle ! Regarde plutôt ce que j'ai pour toi.

– Oh ! mais c'est ma tache, s'exclame Gilda. Ma jolie, ma douce, ma drôle de tache !

– Chic ! s'écrie la tache. C'est ma girafe !

Et Gilda la girafe, les yeux brillants, remet sa drôle de tache en place.

Comme dans un rêve, elle entend au loin les voix de tous ses amis :

– Hou hou, Gilda ! Où es-tu ? On a retrouvé tes taches... Les coquines, elles s'étaient cachées dans notre pelage !

Maintenant que tout est rentré dans l’ordre (enfin presque), Gilda n’a plus qu’une envie. Tous ses amis sont invités à un grand banquet... de melons!

Espérons que le Vent du Nord préfère les concombres...